www.ingramcontent.com/pod-product-compliance
Lightning Source LLC
Chambersburg PA
CBHW040127150726
48005CB00015B/2395

دُميتان

من بلاد الشمس المشرقة

«أكاريوسي»

هند سيف البار

دُميتان
من بلاد الشمس المشرقة

«أكارِيوسي»

إصدارات دائرة الثقافة، حكومة الشارقة 2023م

الناشر: دائرة الثقافة ــ حكومة الشارقة ــ دولة الإمارات العربية المتحدة

هاتف: 5123333 9716+

بــرّاق: 5123303 9716+

بريد إليكتروني: sdc@sdc.gov.ae

813.03

ب هـ . د   البار، هند سيف أحمد

دميتان من بلاد الشمس المشرقة، أكاريوسي / هند سيف أحمد البار ؛ رسوم ياسر كريش.-

الشارقة، الإمارات العربية المتحدة : دائرة الثقافة، 2023.

87 ص. ؛ 20.5x13.5-سم.

قصة لليافعين من عمر 15-13 سنة.

1. القصص العربية   2. القصص العربية – الإمارات العربية المتحدة

أ. العنوان   ب. كريش، ياسر

ISBN: 978-9948-800-06-4

- 1 -

كانت هناك مدينة مرصوفة ومفروشة بالكامل ببلاط متداخل ملوَّن، من ذلك البلاط تم تشكيل لوحات جميلة وبديعة، مَوشَّاة بالألوان في ساحات المدينة كافة، لوحات لورود وأزهار، نجوم وأقمار، ورسومات تَبهر الأبصار، لم تخلُ من تفاصيل مذهلة، ولا يُعْوِزها أي ابتكار.

كان الزوار يقصدون تلك المدينة، ليس للاستمتاع بجمالها وسحرها فقط، بل لرؤية أكبر سلسلة محلات فيها، والتي تعرِضُ على واجهاتها أكثر الملابس أناقة، والأحذية لمعانا، والحقائب تفرداً، والمثلجات ألواناً، يسعى معظم السياح لزيارة تلك المحلات؛ ليس للشراء دائماً؛ فالأسعار هناك باهظة جداً، وإنما للترفيه عن النفس والتقاط الصور لكل تلك المعروضات التي لا نظير لها.

من بين تلك المحلات محل لبيع الألعاب والعرائس والدمى، اشتهر بألعابه؛ عالية الجودة، وأسعاره المرتفعة، على واجهته وُضعت طاولة دائرية شديدة البياض، وعليها ثُبتت مجموعة كبيرة من الأشجار والأزهار والأعشاب الخضراء، بدت كحديقة ملكية فاخرة، عُلقت على أشجارها مصابيحُ صغيرةٌ ملونةٌ، تومض وتعتم بانتظام.

في تلك الحديقة وقفت دمية لشاب وسيم، يعتمر قبعة زرقاء مخملية، ويرتدي بدلة سماوية صُنعت بدقة، أزرارها من الذهب والأحجار الكريمة، ثُبِّت على ياقته دبوس يحمل شكل نجمة ذهبية لا تتوقف عن التوهج، معطفه أسود؛ أزراره فضية لامعة، يرتدي حقيبة كتف سوداء أنيقة، مخصصة لمظلته، مظلته بيضاء شفافة، يحملها بيده رافعاً إياها فوق رأس دمية أخرى لفتاة جميلة؛ جالسة على كرسي أبيض فاخر، ملامحها رقيقة، تضع عقداً من أنفس الجواهر، ترتدي فستاناً أحمرَ، من الحرير، وأحذية سوداء بديعة لامعة.

إن شدة جمال هاتين الدميتين، دفعت صاحب المحل إلى الامتناع عن بيعهما لأي زبون، والاكتفاء بعرضهما في الواجهة.

تلك الدميتان لم تُخْفِقا قط في جذب أنظار واهتمام وانتباه كل

شخص يمر بالجوار، وهما من صُنع أحد أمهر صناع الدمى اليابانيين، وقد أطلق عليهما اسمي (أكاري) و(ريوسي)، لأكاري شعر أسود طويل جميل، تتخلله خصلات شعر مضيئة متوهجة، أما ريوسي فشعره أسود يصل إلى كتفيه تقريباً، وفي نهايات عدد من خصلاته ثُبتت نجوم صغيرة لامعة.

حرَّكَت (أكاري) رأسها ونظرت عبر زجاج واجهة المحل قائلة: «المشي على ذلك الرصيف الملون حُلمٌ يُراودني».

نظر (رِيوسي) باتجاه الرصيف وقال: «يبدو أن المشي عليه سيكون شبيهاً بالمشي على بحر من الألوان».

تنهدت (أكاري) قائلة: «بحر واسع ممتد، سأحبس أنفاسي ما بين كل خطوة وخطوة».

انحنى (رِيوسي) باتجاهها وهمس: «سأكون معكِ، سآخذُ بيدك، وسنسير، لا، بل سنحلق».

سألته (أكاري): «هل يحق لنا التمني؟ هل يمكن لأمنياتنا أن ترى النور؟»

أجابها (رِيوسي): «نعم، ونعم أخرى، ما علينا إلا التطيّب بالأمل، لا شيء أزكى من عبير الأمل يا (أكاري)».

حدقت (أكاري) إلى انعكاس صورتهما غير الواضحة على الزجاج، وسألت: «رِيوسي هل فكرت يوماً في الرحيل من هنا؟»

رد عليها: «الرحيل؟ هذه الكلمة تزِنُ أطناناً من الألم، و...»

توقف عن الكلام فجأة وتجمَّد في مكانه وكذلك حدث لأكاري، وذلك بعد ملاحظتهما اقتراب فتاة صغيرة من واجهة المحل حيث يقفان، أطالت تلك الفتاة النظر إليهما ثم قالت: «آآآه، إن هذا كالحلم الجميل جدًّا!»

ثم ألصقت وجهها على زجاج واجهة المحل متفحصة الدمية أكاري بعينيها، وبعد صمت قالت: «يا الله ما أجملكِ.. عيناكِ؛ شفتاكِ؛ ووجهكِ، شعركِ الأسود ذو الخصلات المضيئة وملابسكِ! أنتِ أجمل وأَرَق دمية، أن أضمكِ بين ذراعي صارت أمنية».

تورَّدت وجنتا (أكاري).

ربتت الفتاة على زجاج المحل برفق هامسة: «اعتنِي بنفسكِ».

تنهدت وابتعدت أخيراً، بعد أن لوحت بيدها إلى أكاري مودعة.

- 2 -

تعاقبت الأيام والدميتان المتألقتان تحتلان الواجهة، وفي أَحَدِ الصباحات الماطرة، جلسا جنباً إلى جنب يتأملان المطر في انسجام.

تنهد (رِيوسي) بارتياح وقال: «تزدان هذه المدينة بالمطر».

ابتسمت (أكاري) قائلة: «تلك القطرات تهطل مباشرة على قلبي وتمنحه السكينة والسلام».

استمر الثنائي في الحديث، إلى أن اقتربت سيارة سوداء فاخرة من المحل، وتوقفت أمام بوابته، ونزلت منها امرأة أنيقة تحمل حقيبة كتف سوداء، وتضع حول رقبتها عقداً من اللؤلؤ الأسود النادر.

وبعد دخولها إلى المحل بدقائق، توجّهَ صاحب المحل إلى المكان

الذي استقرت عليه دميتا المحل المميزتين، وهو يفرك راحتي يديه معاً، وابتسامة واسعة على شفتيه، مدَّ يده وأخذ دمية الفتاة معه، دون أن يلتفت إلى دمية الشاب، وأسرع الخطى قاصداً المرأة ذات العقد وناولها إياها.

سألته (المرأة ذات العقد): «وهل لديك دمية محشوة لِأرنب أزرق؟»

أجابها: «بالتأكيد لدينا، إن أفضل أنواع الدمى ستجدينها هنا في هذا المحل، تفضّلي من هنا.. تفضّلي..»

وضعت (المرأة ذات العقد) دمية الفتاة على إحدى طاولات المحل، ذات السطح الزجاجي الشفاف، ثم انضمت إلى البائع الذي كان متجهاً إلى قسم الدمى المحشوة.

هجَر (رِيوسي) مكانه، وقفز على ظهر مجسَّم ضخم لسلحفاة زاهية الألوان، وتزحلق من فوق صدفتها نزولاً إلى الأسفل في عجَلة، طارت خلالها قبعته في الهواء، لكنه لم يلتفت إليها أو يهتم، اندفع راكضاً باتجاه الطاولة التي تُركت عليها (أكاري)، صاح بأعلى صوته: «أكاري! يا إلهي أكاري».

نظرت إليه من خلال زجاج الطاولة قائلة: «أنا هناااا».

قال: «إني أرى عواصفَ وصواعقَ في أفق حياتنا».

سألته: «هل نحن مهددان بالفراق؟»

أجابها: «نعم».

صاحت: «ما الذي بدّل قلب صاحب هذا المحل؟ ألم يقرر قبل زمن الاحتفاظ بنا؟»

نظر (رِيوسي) إلى موضعِ قدمه بحزن قائلاً: «لا عِلمَ لي، لكني أظنه المال، هناك بشر يا (أكاري) على استعداد للتخلي عن أي شي وكل شيء من أجله».

همسَت: «أنا خائفة».

تقدم (رِيوسي) من أحد أرجل الطاولة التي كانت مصنوعة من فولاذ مطلي بالذهب، شمّر عن ساعديه الخشبيين، وباشر تسلقها رغم كونها زلقة جداً، استمر في التزحلق، لكنه لم ييأس بل استمر، وبعد عدة محاولات وصل أخيراً إلى منتصف رجل الطاولة وتجاوزه قليلاً، لكنه ما لبث أن انزلق واصطدم بقوة على الأرض.

تأوه، حاول الوقوف لكنه عجز عن ذلك، لاحظ أن مفاصل ركبته الخشبية اليمنى توشك على الانزلاق من مكانها، فمدّ يده نحوها وقام بتثبيتها جيداً، والضغط عليها بقوة وحذر لإصلاحها.

قالت (أكاري): «آآآه ريوسي أرجوك طمئني عليك..»

رد عليها: «لا تقلقي، الأمر ليس خطيراً».

أغمض عينيه بقوة وإحكام، فيما كان يشد طرف ساقه العلوي نحو ركبته.

وبعد أن تأوه بصوت منخفض هتف: «نجحت، لا داعي لأي قلق، أخبرتكِ أن إصابتي ليست جسيمة».

تنهدت (أكاري) بارتياح قائلة: «لا تقم بأي شيء متهور مرة أخرى».

وقفت ونظرت حولها ثم صاحت: «ما رأيك في استخدام ذلك الكرسي؟».

صاح: «فكرة عظيمة».

اتجه راكضاً نحو كرسي أنيق مزود بعجلات كبيرة، وباشر سحبه باتجاه الطاولة الزجاجية، وفي لحظة وصوله، بدأ تسلق ساق الكرسي التي صممت بطريقة مميزة، جعلته شبيهاً بدرج حديدي يسهل تسلقه، نجح (ريوسي) في تسلق الكرسي والصعود على الطاولة.

وهناك مدَّ يده نحو (أكاري) قائلاً: «دعينا نغادر هذا المحل معاً، ونبحث لنا عن مكان يحتضننا، يحنو علينا ولا يفرق بيننا».

مدَّت (أكاري) يدها إليه، وقبل أن تتلامس أصابعهما تجمدا في مكانهما، وذلك بسبب عودة صاحب المحل وبرفقته المرأة ذات العقد، التي كانت تحمل في أحضانها دمية لأرنب يغطيه فرو أزرق ناعم جدّاً. مد صاحب المحل يده وجذب الدمية (أكاري) بعيداً عن (رِيوسي) فاغرورقت عيناها بالدمع.

وضع صاحب المحل الدمية (أكاري) في علبة أنيقة مرصعة بالذهب، وقام بتغليفها بمهارة، ومن ثم وضعها في كيس جميل ملوَّن، وناوله السيّدة مع ابتسامة عريضة، كما أنه رافقها إلى باب المحل في طريقها للمغادرة.

وفي تلك الأثناء قفز (رِيوسي) على الكرسي ذي العجلات، ومن بعدها قفز إلى إحدى أرجل الطاولة متزحلقاً بسرعة نحو الأسفل، وفي اللحظة التي لامست فيها قدماه الأرض، اندفع راكضاً نحو باب الخروج، حيث وقف صاحب المحل لتوديع المرأة ذات العقد.

غادرت المرأة وعاد صاحب المحل إلى مكانه، حيث طاولة الاستقبال الزجاجية، أما (ريوسي) فَلَم يتوقف عن الجري، وظل مندفعا نحو باب المحل الذي كان ينغلق أوتوماتيكياً ببطء، وتمكن من عبوره في اللحظة الأخيرة.

لم يتوقف لالتقاط أنفاسه، بل استمر راكضاً خلف المرأة ذات العقد، التي دخلت إلى سيارتها، فاندفع هو أيضاً لدخول السيارة قبل إغلاق بابها، كاد يصل، قفز قفزة عالية نحو فتحة الباب التي كانت تضيق شيئاً فشيئاً، وبدلاً من بلوغها واجتيازها وجد نفسه يصطدم بباب السيارة بقوة، ويقع أرضاً.

تلوّى من شدة الألم وصاح متوجعاً: «آآه، هذا مؤلم، مؤلم جدّاً، أشعر بالألم يشتعل في جميع أنحاء جسدي، آآه (أكاري) العزيزة، ألم جسدي هذا، لا يساوي شيئاً أمام ألم قلبي..»

وقف مترنحاً، حافظَ على توازنه بصعوبة، ثم ركض خلف السيارة السوداء التي انطلقت قبل ثوان، كان يشعر بألم هائل في ساقيه وذراعيه، وحتى رأسه، صاح بقوة: «أكاري سأستعيدك منهم، سأستعيدك..»

تباطأت سرعته، ومن ثم توقف في مكانه لاهثاً، حاول السير، لكنه لم يستطع تحريك قدميه، شعر بهما وكأنهما مصنوعتان من الرصاص لا الخشب، لم يفلح في التقدم، شعر بدوار رهيب، نظر من حوله، بدت له أرضية الرصيف الملونة؛ كأنها دوامة هائلة من الألوان، تدور في تسارع محاولة ابتلاعه، فانهار على الأرض عاجزاً عن القيام بأية حركة.

- 3 -

خلصت الدمية (أكاري) نفسها من الأغلفة المزينة، ومن ثم تلمّست ما يحيط بها، كان المكان مظلماً جدّاً، مدت يدها ودفعت غطاء العلبة برفق في البداية، لكنه لم يتزحزح من مكانه، فاستجمعت كل قوتها ودفعته، وهنا انفتح! خرجت من العلبة، نظرت حولها، ثم رفعت بصرها إلى الأعلى نحو فتحة الكيس، الذي وُضعت في داخله.. خرجت من العلبة وأغلقتها جيداً، وبعد ذلك صعدت فوقها، أطلّت من حدّ الكيس بحذر وتيقظ، نظرت إلى الخارج، فوجدت (المرأة ذات العقد) تتصفح كتاباً ما، لم يكن هناك أحد آخر، غير السائق طبعاً، ولكنه بعيد، ولذلك لا خطر من جانبه، أخذت نفساً عميقاً لاستجماع شجاعتها.. عادت للنظر حولها مجدداً، فلاحظت قيام المرأة ذات العقد بضغط زر قريب منها،

فانزلقت النافذة الواقعة بجانبها إلى الأسفل، تعجبت (أكاري) مما حدث، ولكنها فكرت في أن الطريقة المثلى للهرب، هي القفز من خلال تلك النافذة المفتوحة.. طبعاً على السيارة أن تكون متوقفة، كي تنجح محاولتها في الهرب، فالقفز أثناء تحرك السيارة، لن يكون سوى غباءٍ متهورٍ وجنونٍ.

فكَّرَت: «خطة الهرب واضحة جدا الآن، الهرب سيكون من خلال تلك النافذة أو هذه القريبة من جانبي، لكن للبدء بالخطة، علي اغتنام أية فرصة تتوقف فيها هذه السيارة».

ابتسمت ولكنها عادت إلى العبوس قائلة: «الخطة واضحة، لكنها ليست سهلة».

كانت السيارة تتحرك بسرعة، ولم تتباطأ قط، كانت تنعطف هنا وهناك بسرعة كبيرة، إلى أن توقفت فجأة بعنف فاختل توازن (المرأة ذات العقد)، وسقط الكتاب من بين يديها، وتشبثت بظهر الكرسي المواجه لها، انقلبت حقيبتها على الأرض ومعها علبة محارم قريبة، حتى الكيس الملون الذي يحوي الدمية (أكاري).

تأوهت (أكاري): «آآه، ما أثقل هذه العلبة!» فقد وقع جزء من العلبة عليها عندما انقلب الكيس، بدأت (أكاري) الزحف مبتعدة

عن العلبة قائلة: «لا بأس، عليَّ الإسراع والخروج من هنا».

عدلت (المرأة ذات العقد) جلستها قائلة: ما الذي حدث؟»

أجابها السائق: «كدتُ أدهس كلباً».

صاحت: «ماذا؟»

قال: «لا تقلقِي سيدتي، هو بخير، تمكنت من تفادي الكارثة بصعوبة».

وهنا ارتفع صوت طرق على نافذة السائق، ففتحها فوجد شابًّا طويلاً يقول: «يسعدني أنكَ لم تُرسل كلبي إلى العالم الآخر».

رد السائق: «أنا آسف جدًّا يا سيدي».

قال صاحب الكلب: «عليك ألا تسرع مرة أخرى أبداً في هذه الضواحي! هنا يوجد أطفال وحيوانات وبالغون أيضاً مثلي يقطعون الشوارع، عليك أن تكون أكثر حذراً و...».

تابع ذلك الشاب خطبته، وأنصت إليه السائق وكذلك فعلت (المرأة ذات العقد)، أما (أكاري) فقد أوشكت على تخليص نفسها والخروج من تحت العلبة الجميلة.

التفتت (المرأة ذات العقد) إلى داخل السيارة، أحنت ظهرها

والتقطت كتابها، ونفضت عنه غباراً وهمياً، ووضعته بجانبها، مدت يدها ورفعت حقيبتها وعلبة المحارم كذلك، وبعدها فتحت عينيها على اتساعها، بعد أن وقعتا على الكيس الملون المنقلب على أرضية السيارة، وعلبته التي لم تكن في حال أفضل منه، أسرعت إليه، رفعته بحذر، ثم مدت يدها وأبعدت العلبة من فوق الدمية (أكاري)، وأخذتها إلى أحضانها، رتبت خصلات شعرها بعناية، وتأكدت من سلامة جميع أجزاء جسدها، ومن عدم وجود أي تمزق في فستانها، ثم مدت يدها وأخذت أوراق التغليف المزينة، ولفتها برفق حولها، وأعادتها إلى علبتها الجميلة المرصعة بالذهب وكيسها الملون الأنيق، ووضعت الكيس هذه المرة في حضنها، كي لا يتعرض إلى أي حادث مشابه.

- 4 -

مرت العديد من السيارات بمحاذاة الرصيف الذي تمدد عليه (رِيوسي) فاقداً للوعي، إحدى تلك السيارات عبرت فوق بركة مياة صغيرة، تكونت بفعل أمطار ساعات الصباح الأولى، تطايرت مياه البركة من تحت إطارات تلك السيارة، وتناثرت على الرصيف فوق (رِيوسي) الذي تلطخ وتبلل بالكامل، ففتح عينيه وجلس منتصباً، نظر من حوله، فاستقرت عيناه على سيارة سوداء تقطع الشارع القريب منه، أراد أن ينطلق خلفها لتتبعها، لكنه لاحظ مرور سيارة ثانية وثالثة أيضاً تحملان نفس اللون، تجهَّم، توشَّحت روحه باليأس.. النجوم المضيئة المشرقة التي كانت تزيِّن شعره فقدت بريقها وبهت لونها، وقف في مكانه يُراقب مرور السيارات بصمت.

أما الدمية (أكاري) فقد انكمشت على نفسها داخل العلبة، التي تم إغلاقها بإحكام هذه المرة، أغمضت عينيها الحمراوين من كثرة البكاء، فقدت خصلات شعرها المضيئة رونقها، انساب الحزن إلى روحها، راقبت الأمل وهو يحزم حقائبه ويغادر، لم تعترض طريقه، شعرت بالعجز واليأس والوحدة.

- 5 -

لم ينل (رِيوسي) أية استراحة، فقد قرر تفحص كل سيارة سوداء يراها، وذلك بالنظر عبر زجاج نوافذها إلى ألوان مقاعدها، فقبل انغلاق باب السيارة السوداء في وجهه، لاحظ لون مقاعدها الأزرق المميز، خَطَرَ له أن لا جدوى مما يفعله، فالسيارة السوداء لن تكون هنا، وإنما في مكان آخر بعيد، بعيد جدّاً.

فكَّر: لا بد أن تلك السيارة تعود لأحد الأثرياء.

وبناء على تلك الفكرة، قرر الانطلاق وتفقد مواقف سيارات العوائل الثرية في المنطقة، وأثناء بحثه وتنقله من شارع إلى آخر، اعترضت طريقه شاحنة بيضاء صغيرة، محمَّلة بالكثير من الألعاب والعرائس والدمى الجميلة.

قالت إحدى الدمى بانبهار: «يا إلهي! ما أبدع صنعك، أنت لست دمية عادية، يمكنني رؤية ذلك رغم كل هذا الوحل الذي يغطيك، من رأسك حتى قدميك، تُرى ما الذي حلَّ بك؟»

لم يستطع (رِيوسي) الرد، حاول ذلك، لكنه لم يجد أية كلمة مناسبة، تصف ما يختلج في أعماقه، شعر بلهيب حارق في صدره، أحسَّ أنه في اللحظة التي سيفتح فيها فمه ليتكلم، لن تخرج أية حروف، سيختنق صوته وستنهمر دموعه بلا توقف.

قالت دمية محشوة لِقِطٍ: «آآه، أنت دمية يابانية الصنع! ما الذي تفعله دمية قيّمة مثلك هنا؟ وما الذي حصل لك ولهندامك؟»

لم يجب (رِيوسي) بشيء.

أكملت دمية القطِ: «يبدو لي أن مُصابك جلل».

قالت إحدى العرائس: «عذراً ولكن هل اسمك رِيوسي؟»

تفاجأ من معرفتها لاسمه، فالتفت إليها في حيرة.

قالت: «خمّنت ذلك بعد رؤية تلك النجوم المتدلية من خصلات شعرك».

بعد صمت أكملت: «سمعت عنك الكثير من صديقاتي القادمات

من بلاد الشمس المشرقة، طبعاً هن لسن معنا هنا، بل ذلك النوع الفاخر من الدمى، يتم نقله في سيارات أكثر فخامة».

رفعت العروسة يدها وعدلت من وضع قبعتها وأكملت: «لدينا مجموعة من الدمى اليابانية البارعة جدّاً في العزف على الآلات الموسيقية باختلاف أنواعها، أتبادل الحديث معهن من حين لآخر، منهن سمعتُ عنك وعن عبقريتك كعازف».

سألته: «ما الآلة التي تبرع في عزفها دون سواها؟»

أجابها: «الغيتار الياباني التقليدي».

هتفت ضامَّة كفَّيْها معاً: «هذا راائع! ما رأيك في أن تأتي معنا؟ لدينا مجموعة مميزة جدّاً من الأدوات الموسيقية، هل تريد إلقاء نظرة عليها؟ ما عليك سوى الانضمام إلينا، اصعد هيا اقفز».

بدا التردد واضحاً على وجهه، هو يريد إلقاء نظرة على الآلات، والتحدث إلى أقرانه القادمين من بلاده، ولكن..

قالت العروسة: «أنا متأكدة من أن الجميع سيسرون لرؤيتك».

تقدم للصعود..

تابعَت العروسة: «هم الآن بحاجة إلى عازف لآلة كوتو».

هنا تجمد (ريوسي) في مكانه وتراجع وقائلاً: «هي.. نعم هي كانت الأمهر في العزف على آلة كوتو».

سألته: «ومن هي؟»

تحركت الشاحنة الصغيرة.

صاح (ريوسي): «عليَّ أن أجدها!»

ابتعدت الشاحنة ولوح معظم مَن فيها بأيديهم إلى (رِيوسي) مودعين.

صاحت دمية القط: «أرجو لك كل التوفيق».

صاحت مجموعة من العرائس: «اعتنِ بنفسك وأشرِق».

ابتعدت الشاحنة الصغيرة، استمر (رِيوسي) في التلويح لهم بيده، حتى انعطفوا مبتعدين، قرر بعدها متابعة البحث، قفز إلى الشارع ليقطعه، وبعد عدة خطوات صمَّ أذنيه صوتٌ هادرٌ مزعج، لم يعرف أي شيء يكون، لكنه في لحظة وجَد نفسه يطير عالياً، بعد أن اصطدمت به دراجة نارية مسرعة، وألقت به بعيداً على رصيف الشارع، بقي ممدداً على الأرض لدقائق، وبعدها حاول الوقوف دون فائدة، فساقه اليمنى لم تكن في مكانها!

تلفت حوله باحثاً عنها، فوجدها ملقاة على الرصيف، لا تبعد كثيراً عنه، زحف باتجاهها قائلاً: «ارتكبت خطأً فادحاً، كان عليّ التأكد من خلو الشارع من السيارات، ومن أية وسيلة أخرى من وسائل المواصلات قبل محاولة عبوره».

حاول (رِيوسي) إصلاح قدمه، لكنه لم يفلح في ذلك، وفي تلك الأثناء لاحظ هبوط ظلٍّ مَا فوقه، ووجود أربعة أعمدة طويلة من الشعَر من حوله، فاستغرب ذلك كل الاستغراب، فرفع رأسه متسائلاً: «ما هذا؟» ارتفع صوت نباح كلب!

صاح (رِيوسي): «كلب! ما هذه المتاعب المتتالية!»

نظر الكلب مباشرة في عيني (رِيوسي)، «وهو يلهث بصوت عالٍ».

لوَّح له (رِيوسي) بيده قائلا: «مرحباً».

قفز الكلب ودار حوله متدلّي اللسان، تراجع ريوسي إلى الخلف عاجزاً عن الركض لفقدانه ساقه، اندفع الكلب ولعق (الدمية ريوسي)، ومن بعد ذلك هجم عليه وعضه بقوة، كادت تلك العضة أن تحطم الدمية بالكامل، لولا تدخل امرأة ما، وتخليصه من بين فكي الكلب ورميه بعيداً قائلة: «لا تلعب بالقمامة! هيا تعال معي الآن، إياك والابتعاد عني مرة أخرى».

أما (رِيوسي) فقد وجد نفسه مطروحاً على الأرض بين حشائش إحدى الحدائق، لاهثاً بشدة ومتعباً، وقد هدَّه الإعياء، همس بحدة: «رأيتُ نهايتي بين فكي ذلك الكلب، يا إلهي.. أنا آآآه.... مهلاً لحظة يدي اليسرى ليست في مكانها! يا إلهي أين هي؟»

نظر حوله باحثاً عنها، فوجدها قريبة بين الحشائش، زحف نحوها جارّاً نفسه بصعوبه والتقطها، حاول إعادتها إلى مكانها دون أن ينجح، فتشبث بها وجذب نفسه إلى خارج الحديقة نحو ساقه اليمنى الخشبية، أخذ نفساً عميقاً وهو في طريقه إليها، وأخيراً أمسك بها، جلس بمشقة وحاول إعادتها إلى مكانها، امتلأت عيناه بالدموع، فقد بذل أقصى ما يستطيع، ورغم ذلك أخفق، هو لا ينوي الاستسلام أو الانسحاب، لأنه وعدها، وعد الجميلة (أكاري) أنه لن يتركها أبداً.

شعرَ بالضآلة، نظر من حوله بدا له أن المنازل استطالت، وكذلك الأشجار وأسوار الحدائق والسيارات والبشر، الجميع استطال، إلا هو؛ بقي صغيراً وحيداً مُهمَلاً.

ـ 6 ـ

اتكأ على أحد الجدران القريبة المواجهة للشارع، وضع يده وساقه الخشبية بجانبه، فقدت عيناه بريقهما، صار كل شيء من حوله باهتاً، لم يعد بإمكانه فعل شيء.

بقي جالساً هناك حتى أمطرت السماء، فأخرج مظلته التي كان يحملها معه دائماً ورفعها فوق رأسه باستخدام يده اليمنى، بدا حزيناً وحيداً وبائساً.

راقَب السيارات التي تعبر الشارع وقطرات المطر التي لا تكف عن الهطول.

تمتم: «أكاري الغالية أين أنت؟»

وفي تلك اللحظة مرَّت سيارة حمراء، ففتحت فتاة صغيرة نافذتها وصاحت: «توقف! توقف! أبي هناك دمية! دمية تحمل مظلة!»

فتح والدها نافذته وقال: «أظن أن أحدهم تركها هناك وسيعود من أجلها لاحقاً، ليس جيداً أخذ أشياء الآخرين».

قالت الفتاة: «لكن أبي انظر إليه، إنه يبدو وحيداً وحزيناً جدّاً».

لم يقل الأب شيئاً، تحركت السيارة وابتعدت ببطء.

مرَّت ثلاثة أيام على جلوس (رِيوسي) في ذلك المكان، رافعاً مظلته فوق رأسه تحت قطرات المطر، وتحت أشعة الشمس، وتحت ضوء القمر.

وفي اليوم الرابع هبت رياح عابرة أسقطت المظلة من يد (رِيوسي)، الذي لم يبدُ عليه أي اهتمام، فهو لم يتحرك لاستعادتها، ولم يلتفت إليها، لأنه كان فاقداً للوعي كُلِّياً.

توقفت سيارة بالقرب منه، نزلت منها الفتاة الصغيرة السابقة، واتجهت إلى (ريوسي) وجلست مواجهة له قائلة: «سمحت لي أمي بأخذك، سأحممك وأنظفك وأعتني بك جيداً».

مدت يدها ورفعته من الأرض إلى أحضانها بحُنُو، كما أنها

التقطت يده الخشبية وساقه ولم تنسَ المظلة، عادت راكضة إلى السيارة، وبعد أن جلست في مكانها قالت: «ألم أخبرك يا أمي أنه وحيد؟ انظري إليه، لم يقم أي أحد بالاعتناء به منذ أن رأيناه أنا وأبي آخِرَ مرة، أنا سأهتم به ولكن قبل كل شيء، سأطلب من أبي إصلاحه، وفي البيت سأعتني به وسأنظفه دائماً».

‎- 7 -

‎فتح (رِيوسي) عينيه، وجلس، ثم نظر حوله باستغراب، فقد وجد نفسه في غرفة واسعة، تحوي عدداً كبيراً من الدمى غير كاملة الأجزاء، فبعضها ينقصه ذراع، وبعضها تنقصه أرجل، وبعضها ملابس وأحذية، كانت جميعها مكدسة على رفوف الغرفة وصناديقها، وقف (ريوسي) وتقدم لعدة خطوات، ثم فتح عينيه على اتساعها وكأنه تذكر شيئاً ما، ألقى نظرة متفحصة على ساقه اليمنى، وبعدها على يده اليسرى، تلمسهما بسعادة وامتنان.

‎تساءل: «من الذي أصلحهما؟»

‎تقدم من مرآة حائط ضخمة ونظر فيها إلى انعكاس صورته، فوجد نفسه مشرقاً جدّاً، ملابسه نظيفة وأحذيته لامعة، ومظلته في

مكانها في حقيبة ظهره، عاد إليه مظهره الوسيم الأنيق والنظيف مجدداً، لكنه لاحظ شحوب وانطفاء وكآبة النجوم المتدلية من خصلات شعره، مد يده نحوها وتلمسها بحزن.

زحف العبوس إلى وجهه، فقد تذكرها، تذكر العزيزة (أكاري)، نظر حوله، لكن هذه المرة باحثاً عن مخرج، فقد قرر الهرب، وقعت عيناه على إحدى النوافذ المفتوحة، فاتجه إليها دون تردد، لكنه توقف فجأة والتفت نحو الغرفة، إلى أثاثها وأدواتها ودُماها.

قال في نفسه: «أنا ممتن لصاحب هذه الغرفة الذي أنقذ حياتي، لا أريد المغادرة دون إظهار أي امتنان، ليس لائقاً إنكار أفضال الآخرين».

عاد إلى الطاولة حيث كان، ونزع حقيبة ظهره المخصصة لمظلته، ووضعها قائلاً: «هذه المظلة هي أهم وأغلى شيء لدي الآن، أرجو أن يستفيد سيدي الكريم منها».

وبعدها انطلق نحو النافذة المفتوحة، غادر من خلال فتحتها بسهولة، فوجد في الجانب الآخر حديقة مُزهِرة ومنسقة ممتدة تحت النافذة، وقف لدقائق منبهراً بجمالها، ومن ثم قفز إلى أحد أغصان شجيراتها القريبة، ومن هناك نزل منها بحذر، وفي تلك

اللحظة سمع أصوات خطوات أقدام قريبة، فاختبأ خلف أصيص زرع أسود.

كان تلك الخطوات تعود إلى فتاة صغيرة ومعها والدتها.

ابتسمت الفتاة ولمعت عيناها قائلة بسعادة وحماس: «أبي، أبي هل أنهيت إصلاحها حقاً؟»

استقبلها والدها فاتحاً ذراعيه ضاحكاً وقال: «كان عليكِ السؤال عن حالي أولاً».

صاحت: «هيا أبي أخبرني أرجوك».

قال: «إصلاحها استغرق مني وقتاً، لأني كنت مشغولا جدّاً في إصلاح دمى أخرى، دميتكِ التي وجدتها يا حبيبتي لا مثيل لها، صُنعت ببراعة وبطريقة معقدة، عليكِ أن تعلمي أنني بذلت جهداً خارقاً في إصلاحها».

هتفت: «أبي أنت الأفضل، هيا خذني إليها الآن أرجوك، لا يمكنني الانتظار أكثر».

مد يديه نحوها، فقفزت إلى أحضانه، حملها عائداً إلى المنزل.

شعر (رِيوسي) بالحزن فيما كان يستمع إلى الحوار الذي دار

بينهما وقال: «هل كانت تلك الفتاة تتحدث عني؟ هل هي التي وجدتني؟ آه كم ستشعر بالحزن بعد اكتشافها أمر هروبي واختفائي، لا خيار آخر أمامي، علي البحث عن (أكاري)، أنا آسف، أنا أعتذر منكم جميعاً...».

انطلق راكضاً، وقبل أن يجتاز بوابة المنزل سمع صوت الأم: «عليكَ ألا تسيء فهمي، أنا هنا من أجل رؤية الدمية فقط».

رد الأب بتردد: «دعينا.. دعينا نرمم هذا الشقاق الذي بيننا...».

ابتعدت أصواتهما كثيراً حتى تلاشت، استمر (رِيوسي) في الركض طويلاً، إلى أن وجد نفسه واقفاً في مواجهة أحد الشوارع، مشى على رصيفه، نظر إلى أرضيته، إلى بلاطه المتداخل الملون، وتذكر رغبة (أكاري) في مشيهما عليه معاً، تنهد..

ـ 8 ـ

بلا خطة هامَ (ريوسي) على وجهه في المدينة، لا يعلم أين يذهب أو من يقصد أو بمن يستنجد، كان متيقظاً جداً لكل ما يحيط به، كان يختبئ كلما رأى كلباً أو قطاً أو حتى بشريّاً في الجوار، وكان لا يقطع الشوارع قبل التأكد من خلوها من السيارات.

استمر في السير حتى استوقفته لافتة كبيرة طُبعت عليها صورته!!

تفاجأ عند رؤيته لها، تراجع لعدة خطوات لإلقاء نظرة شاملة عليها، وقراءة المكتوب عليها بوضوح.. قرأ: «فُقدت هذه الدُّمية اليابانية من محلنا بتاريخ 4-5-2021، نرجو ممن يجدها أن يعيدها إلينا، وإن كانت لديكم أية معلومات حول مكانها، نرجو

منكم تزويدنا بها، وسنكون لكم من الشاكرين، جميع معلومات التواصل معنا موجودة في الأسفل»

ملاحظة: توجد جائزة مالية مجزية للشخص الذي سيجدها.

لاحظَ (رِيوسي) وجود شِعار محل الألعاب الذي هرب منه لاستعادة (أكاري)، ذلك الإعلان جعله يُبالغ في الحذر، لأنه لا يريد العودة إلى ذلك المحل أبداً، ما الفائدة من العودة؟ هي لم تعد هناك، هي في مكان لا يعلم عنه أي شيء، مكان مجهول، هل هي مرتاحة مطمئنة أم مرهقة مشغولة البال؟ هو لم يكن متأكداً من أي شيء، لكنه كان واثقاً من شيء واحد فقط وهو أنها في انتظاره.

$$-\,9\,-$$

على شرفة أحد المنازل جلست الدمية (أكاري) ترتدي فستاناً زهرياً طويلاً، نظرت بشرود إلى الأفق، تدحرجت دمعة ساخنة على وجنتها، رفعت بصرها نحو السماء، تنهدت، ومن ثم قالت تناجي نفسها: «آه إني أرى من النجوم الكثير، هنا تتزاحم الأشواق والآمال، الأحزان والخيبات، هنا تتدافع الأيام والليالي، وأين أنا؟ هنا وسط الزحام، تتقاذفني المشاعر، يلسعني الانتظار، أضعف.. لكن لا أستسلم، أنا لن أغرق هنا، ستنتشلني أحلامنا، إلى شاطئ بِرمال ملونة، سأراقب تلك الرمال، رمال الوقت، وهي تتسرب ببطء من بَين أصابعي، وسأستمر في انتظارك، إني أرى من النجوم الكثير.. إلا نجمي الأثير...».

‫- 10 -‬

لمع دبوس النجمة المثبت على ياقة (رِيوسي) الذي كان يقطع أحد الشوارع، وفي أثناء ذلك بَلَغَ سمعه صوت وقع أقدام شخص ما تقترب، فقفز للاختباء داخل حديقة لأزهار تمتد إلى الأمام لتزيين أرصفة الشوارع، ومنحها منظراً جميلاً مريحاً منعشاً، وهكذا تنقل مختبئاً تحت تلك الأزهار أمامه، إلى أن وصل إلى محل ضخم، يحوي بضائع شتى مختلفة، كما أنه يضم مجموعة كبيرة من الدمى على اختلاف جودتها، تجاهل (رِيوسي) المحل وأكمل طريقه، لكنه توقف فجأة، فقد خطرت في باله فكرة.

عاد إلى المكان الذي يوجد فيه المحل، واختبأ خلف أحد أعمدته المزخرفة، ومن هناك اختلس النظر إلى حارس أمن، كان واقفاً أمام بوابة الدخول، ليس من الفِطنة الدخول دون اتخاذ أية احتياطات.

راقبَ المارَّة بحذر، وبعد انتظار قفز وتعلّق بحقيبة أحد الأطفال، أرخى مفاصله وتظاهر بأنه مجرد دمية معلَّقة، دخل الطفل إلى المحل برفقة والدته، وهناك قفز (رِيوسي) واختبأ في أحد أرفف الألعاب، واستمر في التسلل بحذر.

اختبأ خلف دمية لدُب أبيض ضخم، وبعدها زحف مختبئاً خلف دمية محشوة لكلب، لكن ذلك الكلب بدأ النباح فجأة بصوت عال ومزعج، دفع (رِيوسي) إلى الابتعاد عنه بسرعة.

استقل (رِيوسي) إحدى السيارات، وانطلق بها إلى الأمام بسرعة كبيرة فاصطدمت بأحد الرفوف السفلية المحمَّلة بأطباق زجاجية بيضاوية الشكل، فاهتزت جميعها وانقلب بعضها، ولحسن الحظ لم تتكسر، ارتبكَ (رِيوسي) واضطرب لكنه تمالك نفسه، واستطاع الرجوع بالسيارة إلى الخلف، وبعدها الانطلاق إلى الأمام والانعطاف، باحثاً عن ركن الدمى، وفي تلك الأثناء هرع إلى المكان أحد الموظفين، ولمَحَ السيارة، فخمَّن أن أحد زبائن المحل المزعجين قام بتشغيلها قبل مغادرته، وتركها تتحرك كيفما شاءت في المحل، فانطلق يتعقبها.

بعد ثوان من الانطلاق المحموم للسيارة لاحظ (رِيوسي) الموظف الذي كان يتبعه، فبدأ في المناورة، ركض الموظف خلف السيارة

لاهثاً، وانضم إليه عدد آخر من الموظفين، بهدف الإمساك بالسيارة الخارجة عن السيطرة، جعل مشهد المطاردة عدداً من زبائن المحل يراقبون ما يجري ضاحكين.

صدمت السيارة أحد الأرفف السفلية مجدداً، فشَعَرَ الموظفون بالراحة، ذلك أنهم حَسِبُوا أن المطاردة المرهقة قد وصلت إلى نهايتها، فتقدم أحدهم ومد يده لالتقاطها، لكنه تفاجأ بها تتراجع إلى الخلف بسرعة خارقة، مارّة من بين ساقيه، ومن ثم شاقةً طريقها منعطفة يميناً، وهناك ارتفعت صرخة، فقد باغتت تلك السيارة إحدى زبائن المحل فأسقطت ما كانت تحمله من كتب، الكتب المتساقطة شكلت ما يشبه منصة انطلاق، ثلاثة كتب استقر بعضها فوق بعض تقريباً، وكتاب رابع شكّل زاوية حادة معها، فانطلقت السيارة إليه، وبمساعدته طارت السيارة عالياً في الهواء، مارّةً من فوق رأس مدير المحل الغاضب، الذي رفع قبضته عالياً صائحاً: «ما الذي يجري هنا؟ ما كل هذه الفوضى؟»

ومن مكانه في الأعلى تمكن (رِيوسي) من رؤية ركن الدمى الذي كان يبحث عنه، ففتح باب السيارة وانتظر اللحظة المناسبة للقفز منها، لمح حوضاً منفوخاً من البلاستيك، مملوءاً حتى آخره بكرات ملونة مصنوعة من البلاستيك اللّيّن، وألعاب مطاطية صغيرة قابلة

للضغط، فقفز إلى داخله، وبعد ذلك بثوان اصطدمت السيارة التي كان يقودها بقوة بجدار قريب وسقطت على الأرض، فقفز فوقها ثلاثة موظفين لتثبيتها.

جميع السيارات من ذلك النوع، نَفِدَتْ من المحل بعد أن شهِد الكثير من الزبائن تلك المطاردة.

أما (رِيوسي) فقد لزِمَ مكانه مختبئاً داخل حوض الكرات إلى حين انتهاء تبعات الضجة التي تسبب بها، وبعدها قفز إلى خارج الحوض، واتجه إلى الرفوف التي امتلأت بدمى تشبه إلى حد كبير هيئته الجسدية، ففكرته كانت استعارة ملابس من أحدها لتضليل البشر، وتغيير شكله والتنكر كي يبحث بسلام عن (أكاري)، وأثناء تفقده للدمى سمع صوتاً..

كان عرضاً رائعاً ذلك الذي قدمته اليوم.

التفت (رِيوسي) ناحية مصدر الصوت، فوجد دمية لشاب بشعر فضي، قال: «مرحباً».

رد (رِيوسي): «أنا آسف لم أقصد إثارة كل تلك الضجة».

قال الشاب: «لا تعتذر، إن ما فعلته رفَّهَ عنا كثيراً، أنت تعلم كم هي متشابهة أيامنا، ننتظر فيها شخصاً ما، ليقرر الاعتناء بنا».

وبعدها قفز من فوق الرف الذي كان جالساً عليه، وانتصب أمام (رِيوسي) قائلاً: «من أنت؟ وما الذي أتى بك إلى هنا؟ هل تبحث عن شيء ما؟»

قال (رِيوسي): «أتيت إلى هنا من أجل..»

لم يكمل، قفز للاختباء في أحد الرفوف.

تلفَّتَ (الشاب ذو الشعر الفضي) يميناً يساراً، وبعدها قال: «عجباً! ما خطبك؟»

رد (رِيوسي): «سمعتُ مواء قطة! تعال، هيا لنختبئ».

ضحك الشاب وقال: «لا تقلق، هذا الصوت لا يعود إلى قطة حقيقية، بل لإحدى دمى المحل المسكينة، إنها تعاني من خلل ما، مما جعلها تموء في أوقات مختلفة، إنها عاجزة عن السيطرة على هذا المواء».

خرج (رِيوسي) من مخبئه.

قال الشاب: «لم تخبرني عن الشيء الذي أتيت من أجله».

رد (رِيوسي): «ملابس، أنا بحاجة إلى تغيير ملابسي».

أشرق وجه الشاب وهتف: «هذا أمر هيِّن، اتبعني».

أوصله الشاب إلى ركن كبير، يحوي رفوفاً عديدة، وصناديق مملوءة بملابس كثيرة، مختلفة في أشكالها وألوانها وأحجامها وجودتها، أشار إليها بسعادة وفخر قائلاً: «ما رأيك؟»

تقدم (رِيوسي) وقال: «هذا رائع! عدد الملابس فاق جميع توقعاتي! هذا مذهل!»

ابتسم الشاب وقال: «تقدّم خذ ما شئت، ولكن ما سبب رغبتك في تبديل ملابسك؟ إن ملابسك الحالية مُذهلة، لا مثيل لها، تبدو لي فاخرة ومبهرة».

قال (رِيوسي): «إنها قصة طويلة، هل تَوَدُّ سماعها؟»

ردَّ الشاب: «ليس الآن، انظر إلى ذلك الرف هناك! لقد تمت إضافة ملابس جديدة! نحن محظوظان جدّاً، دعنا نتفقدها».

وقبل أن ينطلقا، سمعا صوتاً: «هل يمكنك إطلاعي على قصتك؟»

التفت (رِيوسي) إلى صاحب الصوت، كان السائل دمية لرجل مُسِن، مدَّ يده نحو كراسٍ قريبة، وأشار إليهما بالجلوس.

- 11 -

بعد جلوسهما، حكى لهما (رِيوسي) ما كان من أمر صاحب المحل الذي كان فيه، وافتراقه عن (أكاري) والْحوادث المتتالية التي تعرض لها، وعن العطف والرعاية التي حصل عليهما، وأخيراً عن وصوله إلى هذا المحل بهدف التنكر.

هتف (الشاب ذو الشعر الفضي): «يا لها من مغامرة رائعة يا رِيوسي!»

قال (الرجل المسن): «هي كذلك، وهل تنوي التنكر الآن؟»

نكس (ريوسي) رأسه بخجل قائلاً: «الآن بعد التفكير أجدها فكرة سخيفة».

سأله (الشاب ذو الشعر الفضي): «ولماذا؟ إني أراها فكرة جيدة».

قال (ريوسي): «ممن أتنكر؟ أنا في الخارج أختبئ من الجميع، ولا أسمح لأي منهم أن يلمح ولو جزءاً يسيراً مني، ما فائدة التنكر إذن؟».

قال (الرجل المسن): «لا تقلل من شأن فكرتك، لن تخسر شيئاً إن تنكرت، عليك فعل ذلك من أجل مزيد من الحذر».

وقف (الشاب ذو الشعر الفضي) وقال: «والآن حان وقت تفقد الملابس، تعال معي».

مد يده وسحب (ريوسي) من يده وقاده لتسلق رفوف الملابس، للوصول إلى مجموعة الملابس الجديدة، وهناك اختار (الشاب ذو الشعر الفضي) بدلة باللون الأبيض الناصع، مخططة بالأسود وقال: «هذه الملابس تناسب لون شعري تماماً، أبدو شخصاً خطيراً في مهمة سرية جداً، ما رأيك؟»

وقف أمام (ريوسي) الذي قال: «معك حق تبدو كدمى العصابات».

ومد يده وناوله قبعة سوداء قائلاً: «ولا تنقصك سوى هذه القبعة».

ضحك (الشاب ذو الشعر الفضي)، ووضع القبعة على رأسه بطريقه مسرحية أنيقة.

ابتسم (ريوسي).

قال (الشاب ذو الشعر الفضي): «وماذا عنك؟ هل انتهيت من الاختيار؟ هل تحتاج إلى مساعدة مني؟»

انقلبت ابتسامة (رِيوسي) إلى عبوس، أعادَ الملابس التي كان قد اختارها إلى مكانها قائلاً: «إن ما أفعله الآن ليس صواباً».

خلع (الشاب ذو الشعر الفضي) قبعته باستغراب: «ماذا؟»

قال (رِيوسي): «لا يحق لي أخذ ملابس من هنا، هذه الملابس تعود إلى صاحب هذا المحل، ليس لائقاً أبداً أخذ ما ليس لي، هذا ما ترعرعت عليه».

تابَعَ بعد صمت: «لا تُسِئ فهمي يا صديقي، أنت تعيش هنا ومن حقك ارتداء ما تشاء».

صاح (الشاب ذو الشعر الفضي): «ولكن..»

قاطعه (ريوسي): «أقدِّر رغبتك في مساعدتي، أنا ممتن لك جدّاً...» وبعد أن قال ذلك، قفز من فوق الرف إلى الأسفل، تطايرت أثناء

ذلك خصلات شعره في الهواء، تبعه (الشاب ذو الشعر الفضي) الذي عمل على تثبيت قبعته السوداء على رأسه، وذلك بالضغط عليها بيده اليمنى.

وقف (رِيوسي) مواجهاً للشاب والرجل المسن قائلاً: «أشكركما على حسن استضافتي».

مدَّ (الشاب ذو الشعر الفضي) يده وتشبث بذراعه قائلاً: «هل أنت متأكد من قرارك؟ هل ستترك فكرة التنكر؟»

أومأ (رِيوسي) رأسه بالإيجاب، استأذنهما للمغادرة، راقباه وهو يبتعد، اقترب (الرجل المسن) من (الشاب ذو الشعر الفضي) وهمس له ببضع كلمات، جعلت وجه الشاب يتهلل، فاندفع بعدها راكضاً خلف (رِيوسي)، منادياً عليه وملوحاً له، توقف (ريوسي) والتفت، وصل (الشاب ذو الشعر الفضي) إليه قائلاً: «أتعلم، هناك في مخزن هذا المحل توجد ملابس كثيرة جدّاً، قديمة مستعملة ومهملة، ينوي صاحب المحل التخلص منها جميعها في نهاية هذا الأسبوع، إذن هو ليس بحاجة إليها، دعنا نختار ملابسَ لك من هناك، ما رأيك؟»

ابتسم (رِيوسي).

ـ 12 ـ

اتجه الثلاثة إلى المخزن.

وفي طريقهم تلفت (رِيوسي) إلى الرفوف التي اصطفت عليها دمى كثيرة مختلفة، تختلس النظر إليهم من حين لآخر، دون أن تتحرك من مكانها فتساءل: «نحن لا نختلف كثيراً عن بقية الدمى؛ صحيح؟»

رد (الرجل المسن): «صحيح».

سأل: «إذن ما السبب الذي يقف وراء عجز عدد كبير من الدمى عن القفز والحركة مثلنا؟ واكتفاءهم بالمراقبة وحسب؟»

أجاب (الرجل المسن): «ذلكَ أن الإرادة تنقصهم».

هتف: «ماذا؟ من قال هذا؟»

رد (الرجل المسن): «أنا».

قال (رِيوسي) وقد بدت الدهشة على محياه: «الإرادة؟ بجدية!»

ابتسم (الرجل المسن) وقال: «بكل جدية، اسمعني، نحن تُحركنا قوى داخلية، مشاعر وأحلام، هم حبسوا تلك المشاعر ولم يقربوها، فضلوا السلامة والراحة على الإقدام والمغامرة، صنعنا من نفس المادة ربما، لكن الجوهر اختلف».

قال (رِيوسي): «وهل سيكون باستطاعتهم الحركة إن وضعوا هدفاً ما لتحقيقه؟ أو غايةً يسعون خلفها؟»

رد (الرجل المسن): «ربما».

قال (رِيوسي): «ربما؟»

ضحك (الشاب ذو الشعر الفضي).

قال (الرجل المسن): «ها قد وصلنا».

أشار إلى باب المخزن وأكمل: «انظرا، هناك من ترك الباب مفتوحاً قليلاً، هيا بنا إلى الداخل».

وبعد أن دخل الثلاثة، تقدموا ناحية صناديق صغيرة كثيرة مكدسة في أحد الزوايا،

تحوي أعداداً كبيرة من الملابس، بعضها في حالة جيدة وأخرى ممزقة أو مهترئة.

قال (الرجل المسن): «معظم الملابس انتهت إلى هنا، بسبب أخطاء في الصناعة».

قفز (رِيوسي) داخل أحد الصناديق وقال: «إنها جميلة، هذا القميص الأزرق يلائمني تماماً».

قال (الشاب ذو الشعر الفضي): «ما رأيك بهذا القميص الأحمر؟»

هتف (رِيوسي): «إنه رائع».

انهمكا في البحث والضحك، وضع (ريوسي) باروكة شعر خصلاتها طويلة جدّاً، أزالها «الشاب ذو الشعر الفضي» ووضع بدلاً منها باروكة شعر بتسريحة معقدة، فوضع (رِيوسي) نظارة شمسية أمام عينيه، جعلت الشاب ذو الشعر الفضي ينفجر ضاحكاً، استمر الصديقان في البحث وتجربة كل ما تقع عليه عيونهما، إلى أن سمعا صوتاً حزيناً يقول: «إني أغبطكما، لا يمكنني إنكار ذلك.. إني أغبطكما».

توقف الصديقان والتفتا إلى صاحب الصوت، الذي كان خفاشاً أبيض ملقى في أحد الصناديق.

أكمل الخفاش كلامه: «لا تخافا، لا تجزعا أنا خفاش، لكن لوني أبيض».

قال (الشاب ذو الشعر الفضي): «يمكننا رؤية ذلك، أخبرني ما الذي تفعله هنا في المخزن وحيداً؟»

رد الخفاش: «صاحب المحل ينوي التخلص مني، ركزا في لوني، إنه أبيض! أبيض! خفاش أبيض، سمعتُ من أحد الموظفين أنه بسبب خطأ في الصناعة، تم صبغي باللون بالأبيض بدلاً من الأسود، وبسبب ذلك تم نبذي والتخلص مني هنا، لن يشتري البشر خفاشاً أبيضَ غريباً مثلي، هل سيفعلون؟»

ثم طار عبر الغرفة، ومن ثم اتجه إلى الأصدقاء الثلاثة، وقف مواجهاً لهم وقال: «لكن هناك شيء لا يعلمه صاحب المحل».

ضحك بخبث وأكمل: «انظروا».

رفع جناحيه، لاحظ الثلاثة اللون الأسود تحت جناحيه.

قال (الخفاش الأبيض): «يوجد لون أسود هنا هاهاها».

أمال (الشاب ذو الشعر الفضي) رأسه إلى الجانب قليلًا وسأل: «وما الأمر المضحك في ذلك؟»

رد (الخفاش الأبيض): «إن صاحب المحل سيتخلص مني رغم وجود بعض اللون الأسود في جناحي هاهاها».

قال (الشاب ذو الشعر الفضي): «لم أفهم».

قال (رِيوسي): «لا يمكنني إيجاد أي خطأ فيكَ أيها الخفاش، الخفافيش السود هي السائدة ـ ولكن هناك خفافيشُ بِيضٌ أيضاً، أظن أن صاحب المحل يجهل حقيقة وجود خفافيش بيضاء في هذا العالم».

صاح (الخفاش الأبيض): «ماذا؟ هل أنت جاد؟ أم تحاول السخرية مني؟»

رد (رِيوسي): «إن ما قلته هو الحقيقة، ولكن هل تعلم؟ حتى لو لم يكن هناك أي خفاش أبيض في العالم، كان على صاحب المحل أن يتقبّل اختلافك وتميزك ويضعك هناك على أحد الرفوف».

امتلأت عينا الخفاش الأبيض بالدموع.

قال (الشاب ذو الشعر الفضي): «سيتخلص صاحب المحل من

هذه الصناديق بعد ثلاثة أيام، هل تنوي البقاء هنا عالماً بالذي ينتظرك، راضياً بمصيرك؟ تحرك أيها الخفاش واهرب قبل فوات الأوان».

رد الخفاش: «وإلى أين أذهب؟ لا معارف أو أصدقاء لي في هذا العالم».

بعد تفكير قال (رِيوسي): «ما رأيك في مرافقتي؟ أنا لا بيت لي ولا ملجأ، أبحث عن أغلى شخص في حياتي، وحين أجدها سنبحث لأنفسنا عن مكان جيد للعيش، وسيسرني كثيراً اصطحابكَ معنا».

صاح الخفاش: «لا أصدق ما أسمع! أنا مستعد لمرافقتك ومساعدتك في البحث أيضاً».

ابتسم (رِيوسي) وقال: «يسرني سماع ذلك، إذنْ علينا الانطلاق الآن».

قال (الشاب ذو الشعر الفضي): «لكن ألن يستغرب الناس وجود خفاش في وضح النهار في الخارج؟ خفاش؛ ليس ذلك فقط بل ولونه أبيض».

عبس الخفاش: «معك حق..».

قال (رِيوسي): «لا داعي للقلق، سيظن الناس أنه مجرد حمامة

بيضاء، وذلك إن انتبهوا له أصلاً، البشر دائمو الانشغال، لا أظن أن أحداً منهم سيتوقف أو حتى يفكر أو يتساءل، حول ما يمكن أن يفعله خفاش في وضح النهار».

خرج الجميع من المخزن، واتجهوا إلى واجهة المحل بحذر متجنبين الصدام مع أي بشري، علَّق (رِيوسي): «سيارة سوداء تلك التي أخذت (أكاري)، ولذلك عليَّ البحث والتدقيق في جميع السيارات السود».

قال الشاب ذو الشعر الفضي: «ما أكثر السيارات السود هنا».

قال (رِيوسي): «المرأة التي أخذتها كانت تضع عقداً، هل رأى أحدكم امرأة تضع عقداً من قبل؟»

أجاب (الشاب ذو الشعر الفضي): «رأيت الكثيرات منهن يضعن عقداً».

لمعت عينا (رِيوسي) وقال: «ليس عقداً عاديّاً، وإنما من اللؤلؤ الأسود».

صاح (الشاب ذو الشعر الفضي): «من اللؤلؤ الأسود؟ لم أرها في حياتي، ماذا؟ لؤلؤ أسود!»

قال (الرجل المسن): «لكن يا (رِيوسي)، هناك احتمال أن نراها

دون التعرف عليها، وذلك لأنها بالتأكيد لن ترتدي عقدها المميز كل يوم».

عدَّلَ (رِيوسي) قبعته القطنية وقال: «أعلم أن مهمة إيجادها صعبة، ولكني لن أتوقف عن البحث».

تمطى (الشاب ذو الشعر الفضي) وقال: «أرجو أن تجدها قريباً يا صديقي».

رد (رِيوسي): «أشكرك».

صاح (الرجل المسن) وهو يشير إلى الشارع: «يا إلهي! يا إلهي! انظروا هناك! امرأة تضع عقداً من اللؤلؤ الأسود!»

نظر الجميع إليها، ركض (رِيوسي) إلى بوابة الخروج من المحل فتبعه (الخفاش الأبيض) الذي صاح: «اصعد على ظهري، سأحملك إليها هيا».

لم يتردد (رِيوسي) في القفز على ظهر الخفاش، الذي ارتفع عالياً في الهواء، خرجا من البوابة التي فتحت قبل قليل إثر دخول أحد الزبائن.

ألصق (الرجل المسن) و(الشاب ذو الشعر الفضي) كفيهما

ووجهيهما على زجاج المحل وعيونهما على (الخفاش الأبيض) الذي انطلق بسرعة، متعقباً السيارة السوداء التي صعدت إليها (المرأة ذات العقد).

«اللحاق بالسيارة السوداء ليس سهلاً» هذا ما قاله (الخفاش الأبيض) ووافق عليه (رِيوسي)، تقدمت السيارة في طريق مستقيمة، لم يكن الشارع مزدحماً وذلك صعَّب على الخفاش مهمة الوصول إلى السيارة.

- 13 -

حاول الصديقان الوصول إلى السيارة دون جدوى، وأثناء المطاردة قال (رِيوسي): «أعلم أنك مرهق يا صديقي، لكن أرجو منك الصمود قليلاً، السيارة ستضطر بالتأكيد إلى الوقوف، دعنا نتعقبها حتى تصل إلى إحدى إشارات المرور، وحينها سنتمكن من اللحاق بها، والتشبث بها حتى تأخذنا إلى أكاري».

هتف (الخفاش الأبيض): «هناك، إني أراها، إشارة مرور قريبة».

وبعد صمت صاح (رِيوسي): «لاا.. لااااا.. الإشارة تحولت إلى اللون الأخضر الآن! وهذا يعني أن فرصتنا في الوصول إلى السيارة قد ضاعت! هذا ليس عدلاً!»

وأثناء حديثه تقدمت شاحنة ضخمة من خلفهما، تجنب الخفاش الاصطدام بها بصعوبة قائلاً: «يا إلهي! لم أنتبه لها».

انحرف الخفاش الأبيض إلى خارج الطريق، بعد أن تباطأت سرعته.

قال (رِيوسي): «هذا ليس جيداً».

استجمع الخفاش الأبيض طاقته، واستمر في الطيران بتخبط إلى الأمام.

قال: «عدد السيارات السوداء في ازدياد! هذا سيصعب علينا عملية التعقب، آه فاتني حفظ رقم سيارة المرأة ذات العقد».

قال (رِيوسي): «لا تقلق، أنا حفظته».

قال (الخفاش الأبيض): «إذن تشبث بي جيداً، دعنا نقترب من سيارتنا أكثر».

قال (رِيوسي): مهلاً أنا أعرف هذه الشوارع، دعنا نسلك طريقاً مختصرة للوصول إلى ضالتنا، انعطف يميناً يا صديقي.. أجل، أحسنت.. فوق هذه المباني جميعها، والآن سر إلى اليسار، تجنب تلك اللافتة، نعم دُر حولها، والآن إلى الأمام، الأمام، توقف، لننتظر السيارة هنا».

وقف الخفاش فوق أحد أعمدة الإنارة المنخفضة، وقال: «من هنا يمكننا رؤية أرقام السيارات».

قال (رِيوسي): «كل ما علينا فعله الآن هو الانتظار والانتباه».

مرت السيارات الواحدة تلو الأخرى، ولم يكن هناك أي أثر للسيارة المنشودة، وأثناء انتظارهما، هطل المطر ببطء في البداية وبعدها اشتد.

قال (الخفاش الأبيض): «أخشى أن تكون السيارة قد سبقتنا إلى هنا، ونحن الآن ننتظر مرورها هباءً».

قال (رِيوسي): «لا أظن ذلك، وصولنا إلى هنا لم يستغرق الكثير من الوقت، على السيارة قطع مسافة أطول للوصول إلينا».

بعد صمت صاح (ريوسي): «السيارة.. إني أراها، لنقترب منها هيا».

طار الخفاش الأبيض نحوها ولم يحسب حساباً للرياح التي هبت مصاحبة للمطر، طيرت الرياح الخفاش وألقت به على الزجاج الأمامي للسيارة السوداء، التي أدار سائقها ممسحة الزجاج الأمامي، فقذفت بهما بعيداً على أعشاب أحد الحدائق المنزلية، لم يُطل الصديقان الاستلقاء.

صاح (الخفاش الأبيض): «أسرع يا رِيوسي علينا تتبُّع السيارة».

انطلق الصديقان خلف السيارة، التي أبطأت كثيراً من سرعتها بسبب الأمطار، حلق الخفاش الأبيض على ارتفاع منخفض، والإرهاق بادٍ عليه، اقتربا كثيراً من السيارة السوداء، تجاهلا كل ما حولهما وصبا كل انتباههما عليها، تأهب (رِيوسي) للقفز فوقها، اقترب الخفاش من السيارة، وفي اللحظة التي همَّ فيها (رِيوسي) بالقفز ارتفع صوت زامور سيارة قريبة، ذلك الصوت جعل الصديقان يجفلان، زلت قدم (رِيوسي) وسقط بقوة نحو الأرض وارتطم بها فاقداً للوعي.

حدث كل ذلك بسرعة كبيرة، ولكنه بالنسبة لـ(رِيوسي) حدث ببطء شديد جدّاً، زلت قدمه، توقفت جميع السيارات من حوله ومن ثم تلاشت، اختفى كل ما كان حوله، شعر بأنه يسقط في حفرة بلا قاع، عميقاً بلا توقف، ثبت عيناه على السماء، مدَّ يده نحوها، حاول التشبث بها، حاول ذلك ولكن بلا فائدة، اختفت هي الأخرى، فغرق في ظلام كالح.

ـ 14 ـ

فتح عينيه تلفت حوله، قال: «هذه الغرفة تبدو مألوفة لي! مهلا أليست هي نفسها الغرفة التي تم إصلاحي فيها سابقاً!»

نظر حوله باحثاً عن مخرج، لكن هذه المرة وَجدَ جميع نوافذ الغرفة مغلقة بإحكام، وعلى أحد الرفوف وجد علبة أسطوانية شفافة أنيقة، وُضعت بداخلها مظلته.

سمع صوت دوران مفتاح في قفل باب الغرفة، لم يستطع الهرب أو الاختباء فارتمى على الطاولة بلا حراك، تقدم إليه رجل يرتدي قبعة غولف قطنية يقول: «لا أعلم حقّاً كيف حدث هذا، ولكن هذه الدمية هي نفسها التي وجدتها أنتِ قبل أيام، ولكن بملابس مختلفة».

سمع (رِيوسي) صوت فتاة صغيرة: «أبي! هل أنهيت إصلاحها؟»

قال الأب: «نعم ولكن يؤسفني القول أن هذه الدمية تعود إلى أحد محلات الدمى، فقد قرأت أحد الإعلانات عنها».

صاحت الفتاة: «هذا ليس عدلاً، هذه الدمية لي الآن، أنا وجدتها أنا أنقذتها».

ردَّ الأب: «من واجبنا إعادتها يا عزيزتي، علينا إعلام صاحب ذلك المحل عنها، هم الآن يبذلون جهوداً كبيرة بحثاً عنها، كما أنهم ينفقون الكثير من أوقاتهم وأموالهم في سبيل إيجادها، علينا إخبارهم عنها في أسرع وقت ممكن».

بحزن ردت الفتاة: «ولكن..»

قال الأب: «أنا آسف، ولكن هذا هو التصرف الصائب».

غادرت الفتاة الغرفة، أما الأب فقد اتجه إلى أحد الرفوف وأخرج مظلة رِيوسي من العلبة الأسطوانية الشفافة، وأعادها إلى مكانها خلف ظهر (رِيوسي)، ومن ثم وضع الدمية في علبة أنيقة أحكم إغلاقها.

- 15 -

شعر (رِيوسي) وهو في داخل العلبة بالعجز الشديد، وفقدان كل قدرة على التواصل مع العالم الخارجي، فقد حجبت عنه العلبة كل شيء، هو لا يتذكر المدة التي قضاها في العلبة، هل هي يوم؟ نصف يوم، أم أكثر من ذلك أو أقل؟ لكنه لاحظ أن شخصاً ما، كان يحرك العلبة من حين لآخر، أحسَّ فجأة بالضعف والوهن، تَعَبُ جميع المغامرات التي خاضها، هبط فجأة فوق رأسه، فشعر به ثقيلاً جدًّا، فأغمض عينيه وغرق في نوم عميقٍ، لم يشعر خلاله أبداً بشيء.

استيقظ بعد ذلك فزعاً، بعد أن قام أحدهم بهز العلبة مرات عديدة إلى الأعلى والأسفل، الأعلى والأسفل.

تشبث (رِيوسي) جيداً، توقف الاهتزاز فجأة مثلما بدأ، استعد

(رِيوسي) لأي اهتزاز جنوني مباغت جديد، لكن لم يحدث شيء، وبعد دقائق، لاحظ ارتفاع غطاء العلبة، استلقى وأرخى جميع أجزاء جسده ومفاصله.

بعد إزالة الغطاء، بدلاً من التقاء عينيه بعيون صاحب محل الدمى، التقت بعيون فتاة صغيرة!! تفاجأ بشدة، لكنه لم يُظهِر أية ردة فعل على وجهه.

سمع صوت امرأة، كان في استطاعة (رِيوسي) رؤيتها إن حرك رقبته قليلاً ناحيتها، لكنه لم يجرؤ على فعل ذلك، فعينا الفتاة الصغيرة كانتا مثبتتان عليه.

قالت الأم: «سمعتُ من والدك عن مدى تعلقكِ بهذه الدمية، فاشتريتها من أجلك».

قفزت الفتاة الصغيرة بسعادة واندفعت لمعانقة والدتها بقوة.

قال الأب: «وأنا؟ ألا أستحق عناقاً أيضاً؟»

ضحكت الفتاة الصغيرة وعانقتهما معاً.

ابتسمت الأم قائلة: «هيا الآن حان وقت تناول العشاء، سيكون لديكِ متسع من الوقت لقضائه مع دميتك الجديدة بعد ذلك».

غادر الثلاثة الغرفة، حرك (ريوسي) رأسه ونظر باتجاه الباب، الذي تم إغلاقه قبل قليل، جلس، نظر من حوله، وجد نفسه في غرفة أثاثها لطيف أنيق ورقيق، تحوي رفوفاً كثيرة محملة بألعاب كثيرة مختلفة ومتنوعة، قفز ريوسي من المكتب الصغير، الذي كان عليه فوق السرير، وألقى نظرة سريعة على محتويات الغرفة المبهرة.

قال: «هذا المكان رائع جدّاً ونظيف ويحوي أجمل الدمى».

تأمل الغرفة، ورأس السرير الذي استقرت عليه وسادة مخملية مزخرفة، على شكل غيمة، ومن حولها تناثرت مجموعة من الدمى المحشوة، مدَّ يده وربت عليها برفق، إلى أن وصل إلى دمية شديدة النعومة، استوقفته، ألقى نظرة متفحصة عليها، وبعدها تراجع لعدة خطوات والدهشة تغزو ملامح وجهه، قال: «أرنب أزرق؟ يا إلهي! هذه دمية الأرنب الذي اشترته المرأة ذات العقد! هذا غير معقول! أكاري!»

صاح عالياً: «أكاري؟.. يا إلهي، أكاري هل أنتِ هنا؟»

قفز نحو الرفوف باحثاً عنها بين الدمى، التي كانت تحملق فيه بصمت، استمر في البحث، إلى أن سمع صوت وقع أقدام قادمة في اتجاه الغرفة، فقفز عائداً إلى مكانه فوق المكتب واستلقى.

دخلت الفتاة الصغيرة إلى غرفتها منشغلة بتمشيط شعر الدمية (أكاري)، حدَّق (رِيوسي) بها، اتسعت عيناه من هول المفاجأة، لاحظ ملامح وجهها التي كانت عابسة وحزينة، بدت حرفيّاً كدمية خالية من أية حياة، امتلأت عيناه بالدموع.

قالت الفتاة الصغيرة: «سأعرفك على صديق جديد اليوم».

جلست على كرسي سماوي وثير، قائلة: «كم أحب تسريح شعركِ الجميل».

تأكدت من اكتمال زينة (أكاري) وأكملت: «أغمضي عينيكِ»، ثم مدت يدها الصغيرة وحجبت بها عينا (أكاري) وأخذتها إلى حيث وضعت (ريوسي)، وهناك أبعدت يدها قائلة: «مفاجأة!»

فتحت (أكاري) فمها مندهشة، واغرورقت عيناها بالدموع.

أجلست الفتاة الصغيرة (أكاري) بجانب (ريوسي) قائلة: «من الآن فصاعداً، على بعضكما الاعتناء ببعض».

وبعد أن قالت ذلك، غادرت غرفتها قائلة: «أبي، هل أخبرتكَ أمي عن فوزي في مسابقة للرسم؟»

مدت (أكاري) يدها ومررت أناملها على خد (ريوسي) قائلة:

«ريوسي؟ لا أصدق!»

رد: «أكاري!»

تعانقا وانسكبت دموعهما، تزاحمت الكلمات والجمل التي أرادا البوح بها، ولكنهما عجزا عن ذلك، في تلك اللحظة لم تَبدُ لأي منهما أن باستطاعة أية كلمة مهما كانت التعبير عن مقدار فرحهما الجياش، ولذلك تركوا الكلام إلى الأدمع، ففيها كما يعتقد بعض الشعراء كل البلاغة.

أخيراً همست (أكاري): «انتظرتك، أنا انتظرتك طويلاً».

همس لها: «من أجلكِ واجهتُ أطياف الفراق لأيام طويلة، وصارعتُ اليأس الذي حرص على طرحي وتثبيتي على الأرض مراتٍ عديدة، وغضضتُ الطرف عن الاستسلام الذي حاول مصافحتي، وداوَم على إلقاء التحية».

أكمَل: «قلوب رحيمة ساعدتني في رحلة البحث عنكِ، بكرمها ومحبتها بنَتْ جسراً أوصلني إليكِ».

قالت أكاري: «أحياناً الحياة تستمر ومذاقها يُستساغ بوجود الأشخاص الكرماء اللطفاء، حدثني يا (رِيوسي).. حدثني عنهم وعن مغامراتك، هيا فأنا متشوقة لسماعها».

- 16 -

في اليوم التالي، امتلأت غرفة الفتاة الصغيرة صخباً، فقد زارتها صديقاتها، وفي يد كل واحدة منهن علبة جميلة مغلفة، تحوي هدايا دمى، وألعاباً، أحضرنها احتفالاً بفوز الفتاة الصغيرة في مسابقة للرسم، كانت البسمة لا تفارق محياهن، كنَّ مبتهجات جدّاً، تلكَ المشاعر انتقلت إلى جميع دمى وألعاب الغرفة، فارتسمت ابتسامة عذبة على شفتي (أكاري) و(رِيوسي)، تركت الصديقات الصغيرات هداياهن على سرير الغرفة قبل مغادرتهن.

خَلَت الغرفة أخيراً، وحلَّ محل الضجيج سُكون سُرعان ما تبدد على صوت طرقات خافتة على نافذة الغرفة، فالتفت ناحيتها (رِيوسي) الذي أشرق وجهه بالبهجة فصاح: «الخفاش الأبيض!»

قفز باتجاه النافذة وفتحها، اندفع إليه وعانقه بقوة وسعادة، ومن ثم أدخله إلى الغرفة.

ابتسمت (أكاري) قائلة: «إذن أنت هو الخفاش الأبيض، سمعتُ الكثير عنك من (رِيوسي)، أنا ممتنة لك جدّاً وشاكرة».

توهجت وجنتا الخفاش الأبيض وضحك بخجل قائلاً: «لم أفعل الكثير».

رد (رِيوسي): «لا تقل هذا، لولاك لما كنتُ واقفاً هنا الآن، ثم مهلاً لحظة! ما الذي حدث لي بعد سقوطي؟»

بدأ (الخفاش الأبيض) سرد كل ما حدث، أخبره أنه بعد فقدانه للوعي، أسرع باتجاهه وانتشله قبل أن تدهسه العجلات، وطار به إلى أحد مواقف السيارات، للاختباء هناك حتى توقف هطول الأمطار، حاول إيقاظه دون فائدة، فطار في الأنحاء باحثاً عن شخص ما، قد يساعده، لمح مجموعة من الأطفال، اقترب منهم، كانوا يضحكون بسخرية، ويتقاذفون دمية محشوة لنمر فيما بينهم، وطفل صغير يحاول قدر الإمكان استعادتها منهم، فقرر أنه ليس من الصواب الاعتماد عليهم، فابتعد عنهم كل الابتعاد.

أكمل بحثه، فأبصرَ طفلة واقفة أمام سلة مهملات قائلة للدمية،

التي كانت تحملها بين يديها: «سأتخلص منكِ، وسأطلب من أمي شراء دمية جديدة لي».

تجاوزها قائلاً: «كان عليها التبرع بها، لا محاولة التخلص منها هكذا!».

وبعد بحث شاهدَ فتاة صغيرة، تتحدث بلطف إلى دمية جميلة بين يديها، وتحنو عليها كل الحنو، فقرر أنها المُختارة!

عاد إلى (رِيوسي) وحمله وتسلل بخفة واضعاً إياه بالقرب من الكرسي الصخري الذي كانت الفتاة جالسة عليه، ولم يمضِ من الوقت الكثير، حتى لاحظت الفتاة وجود الدمية المُهمَلة، فاندفعت باتجاهها ومدَّت كفيها نحوها.

قال الخفاش الأبيض: «تبعتها، قادتني إلى هذا المكان، اختبأت في مكان قريب ونمت نوماً عميقاً، استيقظت منه الآن فقط».

قال (رِيوسي): «إن كلمات الشكر والامتنان مهما بلغت، لن توفيك حقك أبداً! مهلاً لحظة لدي فكرة!»

قفز (ريوسي) فوق طاولة المكتب، واتجه إلى علبة مناديل ورقية، سحب عدداً منها وعاد إلى عتبة النافذة حيث وقف (الخفاش الأبيض)، مدَّ يده ومسح بعض الأتربة العالقة على جسده، نظف

أذنيه وجناحيه وظهره، حتى وجهه وبطنه، ثم أشار إلى السرير قائلاً: «استلق هناك بين الهدايا والدمى والألعاب، حينها ستظن الفتاة الصغيرة أنك هدية من صديقاتها، وبعدها ستقرر الاعتناء بك، وسنبقى هنا معاً دائماً».

هذه الفكرة أعجبت (الخفاش الأبيض) كثيراً، نفذها دون اعتراض.

عادت الفتاة الصغيرة إلى غرفتها وهي تدندن لحناً سعيداً، وبعدها قفزت فوق سريرها وجلست تتفقد الهدايا، عانقت دمية الخفاش الأبيض، وكذلك فعلت مع بقية الدمى والألعاب، ثم مدت يدها نحو علبتين مغلفتين فتحتهما.

تفاجأت كثيراً وابتهجت أيضاً، لكن التفاجؤ الذي ارتسم على وجه (رِيوسي) كان يتجاوز تفاجؤها أضعافاً مضاعفة، فقد كانت في إحدى العلبتين دمية (الشاب ذو الشعر الفضي) وفي الأخرى دمية (الرجل المسن)!

لوحا بأيديهما نحو (ريوسي) خلسة، دون أن تنتبه لهما الفتاة الصغيرة.

شعر (رِيوسي) بفرح غامر، أحسَّ أنه الدمية الأسعد على وجه الأرض، التفت نحو (أكاري) وابتسم، فابتسمَت.

استعادت خصلات شعرها الباهتة ضوءها وبريقها وكذلك حصل لنجوم (رِيوسي)، مدَّ يده وأخرج مظلته من حقيبته، فتحها، ورفعها فوق (أكاري) وانضم إليها تحتها، وهمس لها: «ما أسعدنا، إذ وجدنا لأنفسنا بيتاً يحتضننا، يحنو علينا ولا يفرق بيننا».